中华人民共和国
反外国制裁法

中国法制出版社

中华人民共和国反外国制裁法

ZHONGHUA RENMIN GONGHEGUO FAN WAIGUO ZHICAIFA

经销/新华书店

印刷/北京海纳百川印刷有限公司

开本/850 毫米×1168 毫米　32 开　　印张/0.5　字数/5 千

版次/2021 年 6 月第 1 版　　2021 年 8 月第 2 次印刷

中国法制出版社出版

书号 ISBN 978-7-5216-1982-9　　定价：5.00 元

北京西单横二条 2 号

邮政编码 100031　　传真：010-66031119

网址：http：//www.zgfzs.com　　**编辑部电话：010-66066621**

市场营销部电话：010-66033393　　**邮购部电话：010-66033288**

（如有印装质量问题，请与本社印务部联系调换。电话：010-66032926）

目　　录

中华人民共和国主席令（第九十号） ………………… (1)
中华人民共和国反外国制裁法 ……………………… (2)
关于《中华人民共和国反外国制裁法（草案）》
　的说明 …………………………………………… (6)

中华人民共和国主席令

第九十号

《中华人民共和国反外国制裁法》已由中华人民共和国第十三届全国人民代表大会常务委员会第二十九次会议于 2021 年 6 月 10 日通过，现予公布，自公布之日起施行。

中华人民共和国主席　习近平

2021 年 6 月 10 日

中华人民共和国反外国制裁法

（2021年6月10日第十三届全国人民代表大会常务委员会第二十九次会议通过）

第一条 为了维护国家主权、安全、发展利益，保护我国公民、组织的合法权益，根据宪法，制定本法。

第二条 中华人民共和国坚持独立自主的和平外交政策，坚持互相尊重主权和领土完整、互不侵犯、互不干涉内政、平等互利、和平共处的五项原则，维护以联合国为核心的国际体系和以国际法为基础的国际秩序，发展同世界各国的友好合作，推动构建人类命运共同体。

第三条 中华人民共和国反对霸权主义和强权政治，反对任何国家以任何借口、任何方式干涉中国内政。

外国国家违反国际法和国际关系基本准则，以各种借口或者依据其本国法律对我国进行遏制、打压，对我国公民、组织采取歧视性限制措施，干涉我国内政的，我国有权采取相应反制措施。

第四条 国务院有关部门可以决定将直接或者间接参与制定、决定、实施本法第三条规定的歧视性限制措施的个人、组织列入反制清单。

第五条　除根据本法第四条规定列入反制清单的个人、组织以外，国务院有关部门还可以决定对下列个人、组织采取反制措施：

（一）列入反制清单个人的配偶和直系亲属；

（二）列入反制清单组织的高级管理人员或者实际控制人；

（三）由列入反制清单个人担任高级管理人员的组织；

（四）由列入反制清单个人和组织实际控制或者参与设立、运营的组织。

第六条　国务院有关部门可以按照各自职责和任务分工，对本法第四条、第五条规定的个人、组织，根据实际情况决定采取下列一种或者几种措施：

（一）不予签发签证、不准入境、注销签证或者驱逐出境；

（二）查封、扣押、冻结在我国境内的动产、不动产和其他各类财产；

（三）禁止或者限制我国境内的组织、个人与其进行有关交易、合作等活动；

（四）其他必要措施。

第七条　国务院有关部门依据本法第四条至第六条规定作出的决定为最终决定。

第八条 采取反制措施所依据的情形发生变化的，国务院有关部门可以暂停、变更或者取消有关反制措施。

第九条 反制清单和反制措施的确定、暂停、变更或者取消，由外交部或者国务院其他有关部门发布命令予以公布。

第十条 国家设立反外国制裁工作协调机制，负责统筹协调相关工作。

国务院有关部门应当加强协同配合和信息共享，按照各自职责和任务分工确定和实施有关反制措施。

第十一条 我国境内的组织和个人应当执行国务院有关部门采取的反制措施。

对违反前款规定的组织和个人，国务院有关部门依法予以处理，限制或者禁止其从事相关活动。

第十二条 任何组织和个人均不得执行或者协助执行外国国家对我国公民、组织采取的歧视性限制措施。

组织和个人违反前款规定，侵害我国公民、组织合法权益的，我国公民、组织可以依法向人民法院提起诉讼，要求其停止侵害、赔偿损失。

第十三条 对于危害我国主权、安全、发展利益的行为，除本法规定外，有关法律、行政法规、部门规章可以规定采取其他必要的反制措施。

第十四条 任何组织和个人不执行、不配合实施反制措施的，依法追究法律责任。

第十五条　对于外国国家、组织或者个人实施、协助、支持危害我国主权、安全、发展利益的行为，需要采取必要反制措施的，参照本法有关规定执行。

第十六条　本法自公布之日起施行。

关于《中华人民共和国反外国制裁法（草案）》的说明

——2021 年 4 月 26 日在第十三届全国人民代表大会常务委员会第二十八次会议上

全国人大常委会法制工作委员会主任　沈春耀

全国人民代表大会常务委员会：

我受委员长会议的委托，作关于《中华人民共和国反外国制裁法（草案）》的说明。

一、关于立法的必要性

近些年来，某些西方国家为了遏制我国发展，利用涉台涉港涉藏涉疆涉海涉疫等问题对我进行遏制打压，粗暴干涉我国内政，严重违反国际法和国际关系基本准则。为了维护我国的国家主权、安全、发展利益，有必要制定专门法律应对某些西方国家对我实施的所谓“单边制裁”，为对外斗争提供法律支撑。

（一）反击霸权主义和强权政治的迫切需要

长期以来，某些西方国家打着维护民主、人权的幌子，借口维护国家安全，滥施“制裁”措施，肆意干涉我国内政，违反了主权平等的国际法根本原则、不干涉内政的国际关系基本准则、和平合作的联合国基本宗旨。我国历来坚决反对任何外国和境外势力以任何方式干涉我国内部事务，始终高举和平、发展、合作、共赢的旗帜，坚定奉行独立自主的和平外交政策，维护国际公平正义，反对把自己的意志强加于人，反对干涉别国内政。制定反外国制裁法，是反击霸权主义、强权政治的迫切需要，有利于捍卫国际法治，推动建设相互尊重、公平正义、合作共赢的新型国际关系。

（二）维护国家主权、安全、发展利益的迫切需要

当前，世界百年未有之大变局加速演变，和平与发展仍然是时代主题，但单边主义、保护主义、霸凌行径愈演愈烈，国际环境不稳定性不确定性明显上升。依法反制某些西方国家对我遏制打压，掌握化险为夷、转危为机的战略主动，坚持底线思维和风险意识，迫切需要制定反外国制裁法。

（三）统筹推进国内法治和涉外法治的迫切需要

党中央明确提出，要坚持统筹推进国内法治和涉外法治，丰富和充实法律“工具箱”。根据当前斗争形势和实践，制定反外国制裁法，明确反外国制裁的情形、反制程序和反制措施等，充分发挥法治在对外斗争中的引

领、规范和保障作用，有利于提升我国应对世情国情深刻变化的法治能力，有利于充实我国对外斗争法律“工具箱”，加快形成系统完备的涉外法律法规体系，加快建设中国特色社会主义法治体系。

二、关于立法的主要过程、总体要求和遵循的原则

今年全国“两会”前后，一些全国人大代表、全国政协委员和社会各界人士提出意见建议，认为国家有必要制定一部专门的反外国制裁法，为我国依法反制外国歧视性措施提供有力的法治支撑和保障。法制工作委员会按照工作安排，全面梳理了目前我国反制裁工作的有关情况以及我国法律中相关规定，研究了国外反制裁的法律制度，根据对外斗争的实践和需要，起草了《中华人民共和国反外国制裁法（草案)》，经委员长会议讨论，决定将反外国制裁法（草案）提请本次常委会会议审议。

制定反外国制裁法的总体要求是：坚持以习近平新时代中国特色社会主义思想为指导，深入贯彻习近平法治思想和习近平外交思想，全面贯彻党的十九大和十九届二中、三中、四中、五中全会精神，坚持总体国家安全观，更好统筹发展和安全，恪守维护世界和平、促进共同发展的外交政策，维护国家主权、安全、发展利益，保护我国公民、组织的合法权益，为全面建设社会主义现代化国家、实现中华民族伟大复兴的中国梦创造良好外部环境。

贯彻上述总体要求，必须遵循和把握好以下重要原则：一是，坚持服务大局，运用法治思维和法治方式应对重大风险挑战，协调推进国内治理和国际治理，服务国内国际两个大局。二是，坚持急用先行，根据实践和形势需要，采取专项立法形式，增强反外国制裁立法的针对性和可操作性。三是，坚持依法依规，总结我国实践经验，借鉴国外相关做法，健全完善反制裁、反干涉、反长臂管辖法律法规制度，提高依法管控风险、依法应对挑战的能力。

三、关于草案的主要内容

草案共 15 条，主要内容如下：

（一）外交基本原则

我国一贯主张在坚持和平共处五项原则的基础上发展同世界各国的友好关系，立法进行反制与某些西方国家的“单边制裁”有着本质区别，是应对遏制打压我国的防御措施。草案重申我国长期以来的外交政策，宣示我国坚持独立自主的和平外交政策，坚持和平共处五项原则，维护以联合国为核心的国际体系和以国际法为基础的国际秩序等。

（二）反外国制裁的情形

坚持问题导向，体现“小切口”，草案明确了两类反制情形：一是，针对外国国家以干涉我国内政为目的，依据本国法律对我国公民、组织采取遏制、打压等歧视性限制措施，我国有权采取相应反制措施。二是，针对一些实体和个人鼓吹、煽动、资助台独、疆独、藏独、港独等严重侵犯我国主权、安全、发展利益的行为，我国主动采取必要的反制措施。

（三）反制对象

考虑到某些西方国家的有关措施名义上是通过法律规定或者国内行政程序采取的，但背后体现的是一批反华势力的意志。为实现精准打击，有力震慑这些反华势力的嚣张气焰，草案规定设立反制清单制度，授权国务院有关部门可以发布决定、命令，将“直接或者间接参与制定、决定、实施”有关涉我措施或者行为的个人或者组织纳入清单。

同时，为进一步加大打击力度，除纳入清单的个人和组织外，草案规定还可以视情况扩大制裁对象的范围，涵盖被列入反制清单个人的配偶和直系亲属，被列入反制清单组织的高级管理人员或者实际控制人，由被列入反制清单个人担任高级管理人员的组织，由被列入反制清单个人和组织实际控制或者参与创办、运营的组织等。

（四）反制措施

草案明确列举了三类反制措施：一是，禁止入境、注销签证或者驱逐出境；二是，冻结在我国境内的存款、股票、债券、基金份额和其他资产；三是，禁止与我国境内的组织、个人进行交易或者对有关交易活动进行限制。

同时，草案明确国务院有关部门可以按照各自职责和任务分工，根据实际情况采取上述措施，国务院有关部门还可以增加规定其他必要措施。

为了强化反制措施的执行力和威慑力，体现主权行为性质，草案规定相关反制决定为最终决定。同时，明确反制情形发生变化的，国务院有关部门可以暂停或者取消有关反制措施。

（五）加强部门配合和信息共享

对外国制裁进行反制需要多部门协调联动、共同配合。草案规定国家设立反外国制裁工作协调机制，负责统筹协调相关工作；国务院有关部门应当加强协同配合和信息共享，按照各自职责和任务分工确定和实施有关反制措施；相关部门作出的有关反制清单和具体反制对象，反制措施的确定、变更、暂停或者取消等决定，由外交部公布。

（六）组织和个人的义务

草案从两方面规定组织和个人的义务：一是，我国境内的组织和个人应当执行国务院有关部门的反制措施。

二是，任何组织和个人不得执行或者协助执行外国国家对中国公民、组织采取的遏制、打压等歧视性限制措施。

（七）反制措施的衔接规定

鉴于某些西方国家对我遏制打压的情形较为复杂，需要相机应对和反制。应对挑战、防范风险的法律“工具箱”应当是全方位、多种工具齐备的，我国目前在金融、投资、进出口贸易、出入境、国家安全等领域还有许多已有规定，因此，需要做好本法与其他法律、行政法规规定的反制措施的衔接。

草案和以上说明是否妥当，请审议。